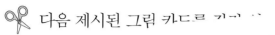

✂ 다음 제시된 그림 카드를 ~~~ 로 붙여보세요.

KB088049

✂ 다음 제시된 그림 카드를 잘라 알맞은 순서로 붙여보세요.

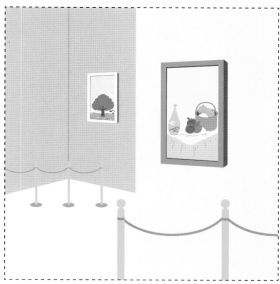

✂ 다음 제시된 그림 카드를 잘라 알맞은 순서로 붙여보세요.

✂ 다음 제시된 그림 카드를 잘라 알맞은 순서로 붙여보세요.

✂ 다음 제시된 그림 카드를 잘라 알맞은 순서로 붙여보세요.

✂ 다음 제시된 그림 카드를 잘라 알맞은 순서로 붙여보세요.

✂ 다음 제시된 그림 카드를 잘라 알맞은 순서로 붙여보세요.

✂ 다음 제시된 그림 카드를 잘라 알맞은 순서로 붙여보세요.

✂ 다음 제시된 그림 카드를 잘라 알맞은 순서로 붙여보세요.

✂ 다음 제시된 그림 카드를 잘라 알맞은 순서로 붙여보세요.

✂ 다음 제시된 그림 카드를 잘라 알맞은 순서로 붙여보세요.

다음 제시된 그림 카드를 잘라 알맞은 순서로 붙여보세요.

✂ 다음 제시된 그림 카드를 잘라 알맞은 순서로 붙여보세요.

✂ 다음 제시된 그림 카드를 잘라 알맞은 순서로 붙여보세요.

✂ 다음 제시된 그림 카드를 잘라 알맞은 순서로 붙여보세요.

다음 제시된 그림 카드를 잘라 알맞은 순서로 붙여보세요.

✂ 다음 제시된 그림 카드를 잘라 알맞은 순서로 붙여보세요.

✂ 다음 제시된 그림 카드를 잘라 알맞은 순서로 붙여보세요.

✂ 다음 제시된 그림 카드를 잘라 알맞은 순서로 붙여보세요.

✂ 다음 제시된 그림 카드를 잘라 알맞은 순서로 붙여보세요.

✂️ 다음 제시된 그림 카드를 잘라 알맞은 순서로 붙여보세요.

✂ 다음 제시된 그림 카드를 잘라 알맞은 순서로 붙여보세요.

✂ 다음 제시된 그림 카드를 잘라 알맞은 순서로 붙여보세요.

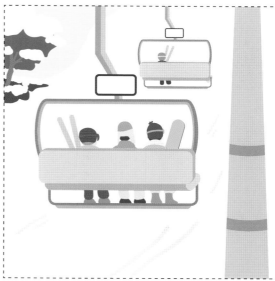

✂ 다음 제시된 그림 카드를 잘라 알맞은 순서로 붙여보세요.

✂️ 다음 제시된 그림 카드를 잘라 알맞은 순서로 붙여보세요.

✂️ 다음 제시된 그림 카드를 잘라 알맞은 순서로 붙여보세요.

다음 제시된 그림 카드를 잘라 알맞은 순서로 붙여보세요.

✂ 다음 제시된 그림 카드를 잘라 알맞은 순서로 붙여보세요.

다음 제시된 그림 카드를 잘라 알맞은 순서로 붙여보세요.

다음 제시된 그림 카드를 잘라 알맞은 순서로 붙여보세요.

다음 제시된 그림 카드를 잘라 알맞은 순서로 붙여보세요.

다음 제시된 그림 카드를 잘라 알맞은 순서로 붙여보세요.

 다음 제시된 그림 카드를 잘라 알맞은 순서로 붙여보세요.

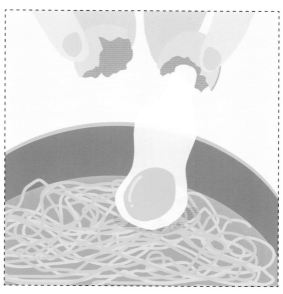

✂ 다음 제시된 그림 카드를 잘라 알맞은 순서로 붙여보세요.

✂ 다음 제시된 그림 카드를 잘라 알맞은 순서로 붙여보세요.

다음 제시된 그림 카드를 잘라 알맞은 순서로 붙여보세요.

다음 제시된 그림 카드를 잘라 알맞은 순서로 붙여보세요.

✂️ 다음 제시된 그림 카드를 잘라 알맞은 순서로 붙여보세요.

✂ 다음 제시된 그림 카드를 잘라 알맞은 곳에 붙여보세요.

다음 제시된 그림 카드를 잘라 알맞은 곳에 붙여보세요.

✂ 다음 제시된 그림 카드를 잘라 알맞은 곳에 붙여보세요.

✂ 다음의 대상 그림과 개념 그림을 활용하여 대상 분석하기 활동을 해봅시다.
본문(p.104)에 제시된 비어 있는 MAP을 사용하세요!

대상 그림

개념 그림

다음의 대상 그림과 개념 그림을 활용하여 대상 분석하기 활동을 해봅시다.
본문(p.106)에 제시된 비어 있는 MAP을 사용하세요!

대상 그림

개념 그림

✂️ 다음의 대상 그림과 개념 그림을 활용하여 대상 분석하기 활동을 해봅시다.
본문(p.108)에 제시된 비어 있는 MAP을 사용하세요!

대상 그림

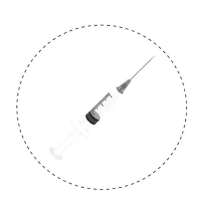

개념 그림

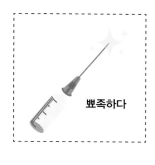

✂ 다음의 대상 그림과 개념 그림을 활용하여 대상 분석하기 활동을 해봅시다.
본문(p.110)에 제시된 비어 있는 MAP을 사용하세요!

대상 그림

개념 그림

다음의 대상 그림과 개념 그림을 활용하여 대상 분석하기 활동을 해봅시다. 본문(p.112)에 제시된 비어 있는 MAP을 사용하세요!

대상 그림

개념 그림

✂️ 다음의 대상 그림과 개념 그림을 활용하여 대상 분석하기 활동을 해봅시다.
본문(p.114)에 제시된 비어 있는 MAP을 사용하세요!

대상 그림

개념 그림

  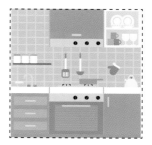

✂ 다음의 그림을 활용하여 맛에 대해 알아봅시다.

✂ 여러 가지 맛을 생각하며 '맛 글자카드'와 '맛 표정그림'을 붙여봅시다. 그리고
어떤 음식에서 느낄 수 있는 맛인지 떠올려봅시다.

시다		달다	
맵다		짜다	
쓰다		느끼 하다	
고소 하다			

✂ 다음 제시된 음식 그림을 마트 진열대에 붙여봅시다.

과일

과자

양념/소스

채소

✂ 다음 제시된 음식 그림을 마트 진열대에 붙여봅시다.

수산

일반식품

냉동/냉장식품

축산

설명하기

✂️ 다음의 단어카드를 잘라 설명하기 활동을 해보세요.

달팽이	개구리
청소기	시계
설탕	비행기
칫솔	의자
강아지	동전
수박	얼음
걸레	포크
신문	전자레인지
가위	안경

✂ 다음의 단어카드를 잘라 설명하기 활동을 해보세요.

연필	선풍기
다리미	버스
접시	카메라
떡	줄넘기
눈사람	양말
라면	젓가락
침대	모자
담배	땀
우유	슈퍼

✂ 활동 그림 1 – 난이도 하 (본문 P.156 쉬운 질문 1)

✂ 활동 그림 2 - 난이도 하 (본문 P.157 쉬운 질문 2)

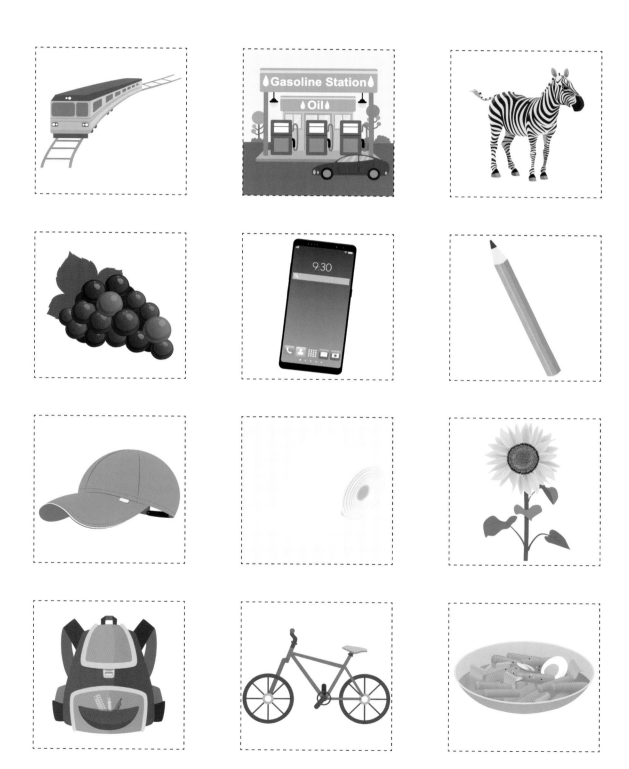

✂️ 활동 그림 1 – 난이도 상 (본문 P.162 어려운 질문 1)

✂ 활동 그림 3 - 난이도 상 (본문 P.164 어려운 질문 3)

부록 8 **시제 달력**

✂️ 다음의 그림을 활용하여 본문에 있는 달력을 꾸며봅시다.

✂ 다음 제시된 그림이 어떤 인물과 관련된 것인지 생각하며 붙여봅시다.

다음 제시된 그림이 어떤 인물과 관련된 것인지 생각하며 붙여봅시다.

다음 제시된 그림이 어떤 인물과 관련된 것인지 생각하며 붙여봅시다.

다음 제시된 그림이 어떤 인물과 관련된 것인지 생각하며 붙여봅시다.

다음 제시된 그림이 어떤 인물과 관련된 것인지 생각하며 붙여봅시다.

✂ 다음 제시된 그림이 어떤 인물과 관련된 것인지 생각하며 붙여봅시다.

✂ 다음 제시된 그림이 어떤 인물과 관련된 것인지 생각하며 붙여봅시다.

다음 제시된 그림이 어떤 인물과 관련된 것인지 생각하며 붙여봅시다.

✂ 다음 제시된 그림이 어떤 인물과 관련된 것인지 생각하며 붙여봅시다.

✂ 다음 제시된 그림이 어떤 인물과 관련된 것인지 생각하며 붙여봅시다.

다음 제시된 그림이 어떤 인물과 관련된 것인지 생각하며 붙여봅시다.

✂️ 다음 제시된 그림이 어떤 인물과 관련된 것인지 생각하며 붙여봅시다.

✂ 인물 카드를 활용하여 본문의 활동을 확장해봅시다.

의사

소방관

요리사

경찰관

✂ 인물 카드를 활용하여 본문의 활동을 확장해봅시다.

집배원

미용사

농부

선생님

인물 카드를 활용하여 본문의 활동을 확장해봅시다.

환경미화원

가수

엄마

아빠

부록 11 **발음카드**

✂ 초성 /ㅅ/

산	삽	손	새	소
시계	신발	사과	사자	세모
수박	새우	시소	색종이	선인장
사다리	선풍기	사슴	옥수수	솜사탕
가시	의사	책상	우산	주사

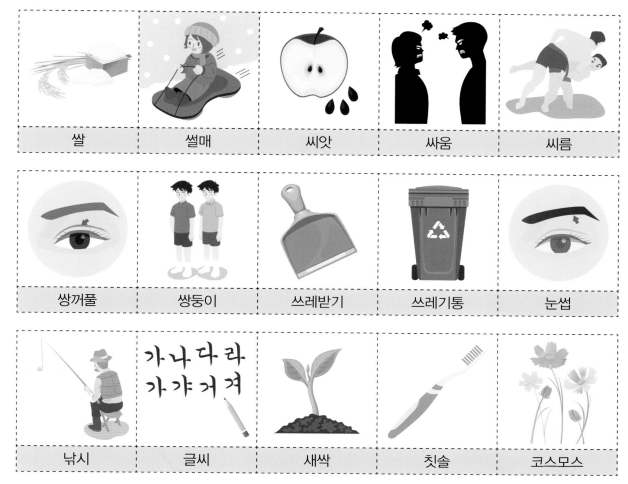

쌀	썰매	씨앗	싸움	씨름
쌍꺼풀	쌍둥이	쓰레받기	쓰레기통	눈썹
낚시	글씨	새싹	칫솔	코스모스

크리스마스

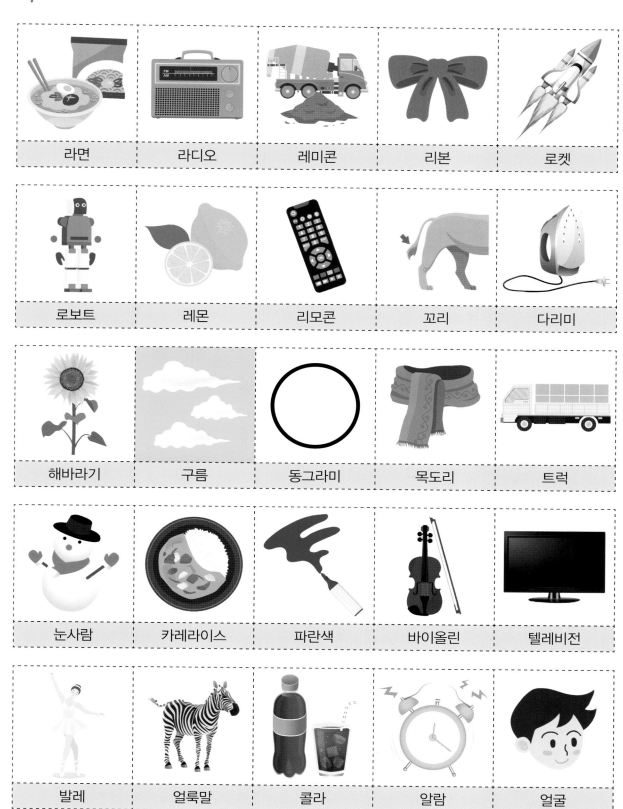

라면	라디오	레미콘	리본	로켓
로보트	레몬	리모콘	꼬리	다리미
해바라기	구름	동그라미	목도리	트럭
눈사람	카레라이스	파란색	바이올린	텔레비전
발레	얼룩말	콜라	알람	얼굴

✂ 종성 /ㅂ/

밥	탑	집	컵	숲
정답	발톱	접시	입술	장갑
김밥	압정	배꼽	은행잎	단풍잎
지갑	수갑	집게	클립	헬리콥터

꽃	옷	붓	못	빗
비옷	속옷	밥솥	버섯	로켓
송곳	자켓	도넛	헬멧	그릇
곶감	젖소	핫도그	옷장	초콜릿
숟가락	젓가락	빗자루	옷걸이	돗자리

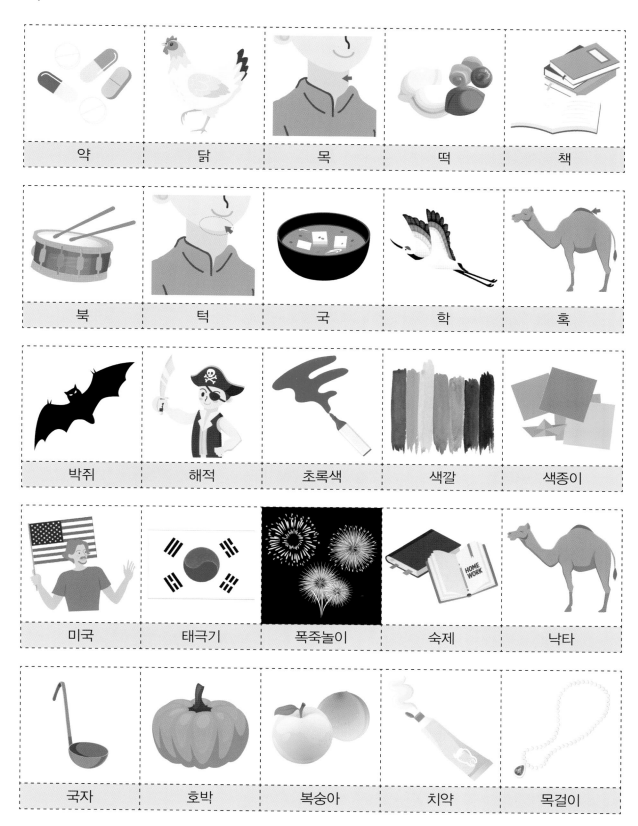

약	닭	목	떡	책
북	턱	국	학	혹
박쥐	해적	초록색	색깔	색종이
미국	태극기	폭죽놀이	숙제	낙타
국자	호박	복숭아	치약	목걸이

✂ 아래의 소리를 부드럽게 연결하여 순서대로 빠르게 말해보세요.

야

이 ＋ 아

여

이 ＋ 어

85

✂ 아래의 소리를 부드럽게 연결하여 순서대로 빠르게 말해보세요.

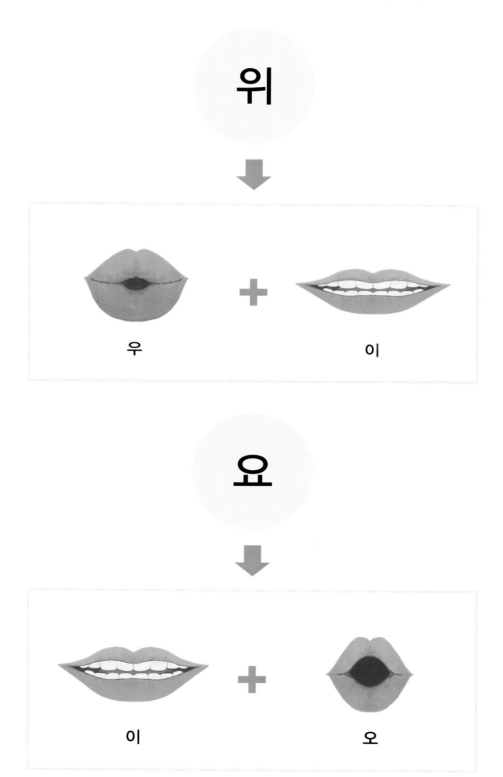

위

우 + 이

요

이 + 오

✂ 아래의 소리를 부드럽게 연결하여 순서대로 빠르게 말해보세요.

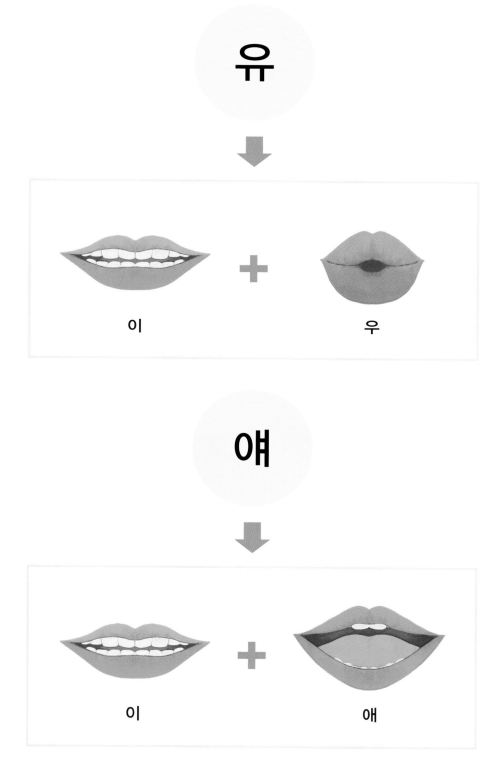

유

이 + 우

얘

이 + 애

✂️ 아래의 소리를 부드럽게 연결하여 순서대로 빠르게 말해보세요.

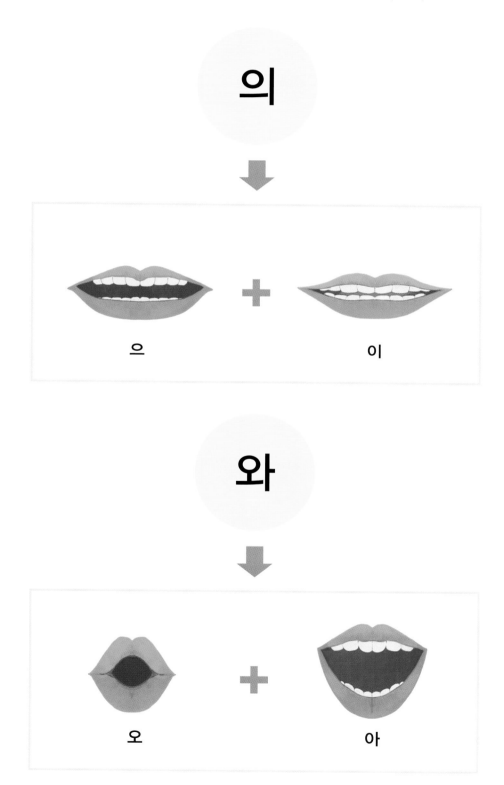

의

으 + 이

와

오 + 아

✂ 아래의 소리를 부드럽게 연결하여 순서대로 빠르게 말해보세요.

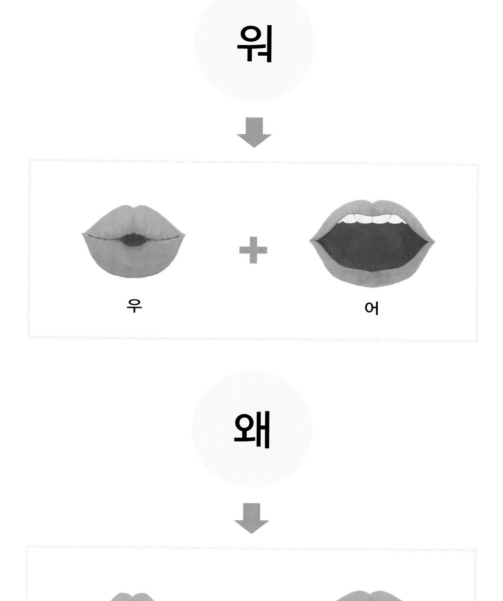

워

우 + 어

왜

오 + 에

야

여

요

와

왜　웨　　　위

워

의

✂ 의문사 그림 카드를 활용하여 여러 가지 활동을 해 봅시다.

누가

언제

무엇을

어떻게

왜

어디서

손님

점원

청소직원

경호원

계산대

화장실

계산기

진열대

쉬는 곳

카트

판매물건

돈

소방관

구급대원

환자

구경꾼

불난 곳

소방서

병원

응급
이동침대

사이렌

소방차

소화기

소방호스

손님

종업원 　주방장 　밥 먹는 곳 　기다리는 곳 　놀이방

화장실 　계산대 　주방 　음식 　식기

앞치마 　테이블, 의자 　돈, 계산기 　의사 　간호사

보호자 　환자 　주차장 　구급차 　입원실

진찰도구 　병원 　진료실 　의사 옷 　환자침대

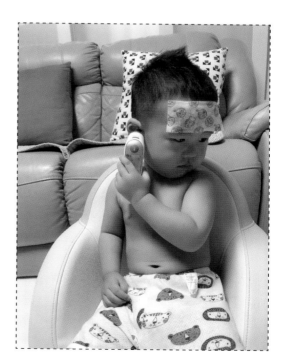